Rockford Public Library
3 1112 01336732 7

Y0-AEV-955

El arca de Noé

Contado por Heather Amery
Diseño: Maria Wheatley
Ilustraciones: Norman Young
Asesora de lenguaje: Betty Root
Traducción: Malihe Forghani-Nowbari

Estos son Noé y su familia.

Noé era un agricultor que vivía hace mucho tiempo. Tenía una esposa y tres hijos. Cada hijo tenía una esposa.

Noé era un hombre bueno.

Trabajaba mucho, cultivando la tierra para alimentar a su familia. Noé siempre hacía lo que Dios le mandaba.

Le dijo: “La gente es mala. Voy a inundar la Tierra y a destruirlos a todos, menos a ti.”

“Noé, tienes que construir un arca.”

“Debes construirla así,” dijo Dios. “Luego, salvarás a todos los animales del mundo.”

Noé se puso a trabajar.

Sus hijos le ayudaron. Trazaron la forma del arca sobre la tierra y cortaron árboles.

Noé y sus hijos trabajaron mucho.

Construyeron un armazón de madera. Cubrieron el arca de alquitrán para hacerla impermeable.

Por fin, el arca estaba lista.

Noé y sus hijos la cargaron con mucha comida para su familia y para todos los animales.

Luego vinieron los animales.

Había dos de cada especie. Noé se quedó mirándolos.
“No sabía que hubiera tantos,” dijo.

Todos entraron en el arca.

“Dios tenía razón,” dijo Noé. “En el arca que me mandó construir cabemos todos.”

Llovió durante cuarenta días y cuarenta noches. El arca navegó con todos ellos a salvo en su interior.

El diluvio duró meses y meses.

Noé le dijo a un cuervo: “Vete y encuentra tierra firme.”
El cuervo se fue volando, pero enseguida regresó.

Luego Noé envió a una paloma.

Regresó con una ramita. Noé dijo: “Por fin el diluvio ha terminado y todo está creciendo otra vez.”

Noé abrió la puerta del arca.

Toda su familia y los animales salieron a toda prisa.
Brillaba el sol y la tierra estaba seca.

"Deben esparcirse y multiplicarse."

"Repártense por toda la Tierra," dijo Dios a los animales. "Noé, tu familia debe hacer lo mismo."

Dios puso un arco iris en el cielo.

"Esta es mi señal", dijo Dios. "Prometo que jamás volveré a inundar toda la Tierra". "Gracias", dijo Noé.

 ISBN: 0 7460 3430 X. Impreso en Bélgica